I0617283

Mariposas en el ESTÓMAGO

MARIPOSAS EN EL ESTÓMAGO
La metamorfosis del amor, un viaje sin retorno
©2025 Paola Rezo / Alegria Publishing

Cuidado Editorial: Alegria Publishing
Diseño: @mckdamia
Diseño de Cubierta: @mckdamia
Edición y corrección literaria: Paloma Alcantar
Contacto: davina@alegriamagazine.com

ISBN: 979-8-9985091-1-7
Impreso en los Estados Unidos de América –
Printed in the United States of America

Mariposas en el ESTÓMAGO

La metamorfosis del amor, un viaje sin retorno

PAOLA REZO

A mi padre, por ser mi ángel guardián
y sembrar en mí el amor por las palabras.
A mi madre, por enseñarme el verdadero significado
del amor incondicional.
A Sebastián, Santiago y Sofía,
mis mariposas, por darme alas para volar.
A César, mi amor, por ser mi refugio y mi cielo,
por acompañar mi metamorfosis y volar siempre
a mi lado.

PRÓLOGO

Leí las primeras líneas y mi garganta se cerró, como cuando me dicen algo que me duele, como cuando no digo lo que quiero decir... Como cuando el cuerpo me anuncia que vendrá una buena llorada.

Paola siempre ha sido mi referente de aquello que quizás no me atrevería a hacer, pero también es la persona con la que puedo tomarme de la mano para salir de mi molde y correr un riesgo, por más tonto que sea. Desde la universidad supe que ella estaba hecha para grandes cosas. Me aligeró la carga de compromisos que asumí demasiado temprano en la vida: ser correcta, perfecta, irreprochable. Con ella aprendí a soltar, a reírme fuerte, porque sus carcajadas —tan amplias y generosas— me dieron permiso para lanzar la mía sin miedo.

Paola es esa amiga con la que puedes confesar tu peor error y, en lugar de juicio, encuentras amor y aceptación. Porque ella creció libre, sin prejuicios pesados. Y eso la convierte en alguien en quien puedes descansar. Por lo que yo misma me hubiera castigado, ella me habría liberado. Es la amistad que deseo para ti, y si aún no la tienes, este libro lo será.

Este es un libro valiente, un libro sobre la libertad. Nos han privado tanto de ella que a veces olvidamos cómo se siente ser realmente libres: para gozar, para maternar, para amar sin miedo. Aquí tienes permiso para llorar, para desatar tu versión más salvaje, para reírte de chistes sin sentido. Es un refugio, un espejo y una sacudida.

Si te permites recorrer estas páginas, te prometo que terminarás orgullosa de ti misma. Aprenderás a dotar de sentido cada experiencia, tanto las placenteras como las dolorosas. Abrazarás con valentía tus mayores miedos y te despedirás de esa versión domesticada de ti misma para convertirte en el símbolo que prefieras.

Sentirás mariposas en el estómago... de amor, de nervios, de pavor y, finalmente, de vida. Porque estar viva y completa significa sentirlo todo. Y porque, sin importar qué tan profundo creas haber caído, siempre, siempre, siempre, el cielo enviará la guía y la asistencia necesarias para salir. Aquí hay varias pruebas.

Este libro no ha llegado a tus manos por casualidad. Relata nuestra historia: la tuya, la mía, la de todas. Es un testigo de esas conversaciones intensas contigo misma, de las palabras duras que te dices, de los libretos que se tatuaron en tu mente y se convirtieron en barreras. Pero también es la fuerza que necesitas para mirarte sin miedo y sin sentirte sola.

Aquí tienes permiso para ser la "loca" que nunca te atreviste a ser. Si no te has amado, estás invitada a empezar. Bienvenida.

Lina María Téllez Marmolejo

ÍNDICE

Querida Paola:

Hoy cumples quince años. Hace apenas un mes perdiste a tu papá y ahí estás... Sonriendo, firme, bella, pura.

No sabes lo orgullosa que me siento de ti. Conozco tu futuro y lo que te espera y, realmente, no puedo creer la vida tan hermosa y llena de propósito que tendrás.

Ahí, posando para esa foto, en una celebración que no querías, con el corazón roto y sin esperanza, quiero abrazarte. Me inspiras mucha ternura y amor. Desde aquel momento tuviste que dejar a la niña y convertirte a fuerza en mujer.

Nunca había vuelto a mirar estas fotos... Como si, con no hacerlo, pudiera mágicamente borrar la época más oscura y triste que viviste.

Me vulnera a límites que no conocía.

Hoy te presento ante las miles de personas a la que estarás expuesta hoy. No temas. Yo ya estoy aquí. Te voy a cuidar siempre. Seré tu padre, tu madre y tu hermana, y nunca más volverás a sentirte vacía. Yo te cuidaré siempre. Te lo prometo, mi niña bella.

Te perdono para siempre, mi jovencita perfecta... No lo sabes, pero eres la gran maestra de mi vida.

Te amo, mi niña interior.
Eres la mujer más increíble del planeta.

INTRODUCCIÓN

Mis queridas lectoras:

Es apenas justo que nosotras las mujeres podamos tener el reflejo de otras formas de vivir. Me gustaría que las mujeres que han decidido transitar el camino del matrimonio o la maternidad se den cuenta de que cada opción de vida trae sus dulces y amargos; que esto será todo menos un camino fácil. Que cuando unes tu vida a la de alguien estás adquiriendo la responsabilidad de conocerte y mejorarte todos los días para poder escoger a la otra persona cada uno de esos días, y más aún, elegir seguir amándola, respetándola y sirviéndola con toda su luz y, sobre todo, con toda su oscuridad.

Hoy quiero recordarles que las imperfecciones son la esencia misma de la experiencia humana. Las relaciones están destinadas a ser desafiantes; después de todo, están compuestas por seres humanos únicos con historias, pasados y cicatrices propias. Al desnudar los aspectos más privados de mi vida y mi matrimonio, estoy revelando el corazón mismo de lo que significa ser humana, de lo que significa amar y ser amada.

Por varios años me sentí sola, era una mujer joven viviendo una vida muy adulta y llena de responsabilidades. Muchas veces sentí que mi vida podría tener más valor fuera del modelo tradicional de familia. Muchas veces más, permití que la voz en mi cabeza que alimentaba yo misma me dijera que aquello no tenía sentido, ni futuro, ni era algo tan importante.

Suprimí por muchísimos años la voz de mi corazón, la voz de cada rincón de mi alma, la que me gritaba que no necesitaba competir, la que me pedía que siguiera mi intuición y me rindiera a mi feminidad.

Sin embargo, el tiempo me ha brindado la sabiduría para comprender que formar un hogar es un acto de valentía y amor desinteresado que puede florecer en medio del caos del mundo actual. En una sociedad obsesionada con el individualismo y el éxito efímero, la grandeza del hogar se convierte en un tesoro escondido. En el hogar convergen tres entidades: tú, tu pareja y la relación que juntos construyen. Esta relación no surge por arte de magia; requiere esfuerzo, dedicación y comunicación constante por parte de ambos.

Cuando en ese hogar residen niños, esas tres entidades se entrelazan aún más, dando forma al destino de esos seres pequeños y preciosos. Aquí es donde entra en escena el concepto de sacrificio, una palabra que se descompone en sacrum y facere, es decir, "hacer sagradas las cosas". Formar un hogar implica elevarlo a un plano sagrado, ofreciendo una porción de ti misma por el bienestar de esa entidad divina que es la familia.

Es este motivo el que me impulsa a escribir. Quiero recordar a todas las mujeres que han abrazado el camino del hogar que lo que hacen es extraordinario y profundo. A pesar de que la sociedad moderna a veces minimiza la relevancia de esta elección, en el seno de su hogar se encuentra una chispa sagrada que crece con cada acto de amor, perdón y cuidado.

Pero también anhelo transmitir un mensaje de esperanza a todas las mujeres que sienten que sus sueños personales se desvanecen. Quiero que sepan que no están encadenadas por su elección de construir un hogar. Si mantienen la paciencia y la determinación, pueden tejer nuevos sueños y aspiraciones donde todos los roles y dones que Dios les dio puedan coexistir libremente. El hogar puede convertirse en un refugio de amor y apoyo que las impulse a buscar con pasión aquello que las hace vibrar.

Al final de los días, cuando miremos atrás en nuestra vida, cuando el último capítulo se escriba y las páginas se vuelvan eternas en la memoria, no serán los logros profesionales los que abracen nuestro corazón cansado, sino que los seres que escogimos para forjar ese hogar serán quienes nos besarán con la dulzura de los recuerdos compartidos, quienes cuidarán nuestra alma con su amor inquebrantable y quienes llenarán cada rincón de nuestro ser con la plenitud de la vida vivida.

En ese momento de reflexión, comprenderemos que el tesoro más preciado de nuestra existencia radica en los lazos familiares tejidos con amor y cuidado a lo largo de los años. Son esos lazos los que nos sostienen cuando el mundo exterior es inclemente, los que nos inspiran a seguir adelante cuando sentimos que flaqueamos y los que nos recuerdan que, al final del viaje, la verdadera riqueza reside en el amor y las relaciones profundas. En ese epílogo de nuestra vida, el hogar se revelará como la obra maestra que construimos, donde el amor ganó y dejó su huella imborrable en nuestras almas.

Con amor y gratitud, Paola

Capítulo 1
PALOMA Y SERPIENTE

"Ser mansos como la paloma y astutos como la serpiente"

Antes de morir mi padre, un hombre fuerte poseedor de una genética maravillosa y al que le debo "mi porte" y apellido, me decía todo el tiempo esta frase bíblica: "Hija, recuerda que deben ser mansos como palomas, pero astutos como serpientes". Yo estaba aún muy joven para poder entender lo que significaba.

El 15 de septiembre del año 1997, alrededor de las cuatro de la tarde, mi padre concluyó su ciclo y misión en esta tierra. Yo tenía 14 años, y en octubre sería mi soñada quinceañera. Digo soñada, porque desde muy niña tuve la ilusión de bailar un vals con mi padre en mi flamante vestido rosa. Sin embargo, mi nueva realidad me enseñaba que la vida no es la que debería ser, sino la que es.

Perder a mi padre dejó una herida profunda en mi joven corazón; me desorienté al punto de cuestionar la existencia de un ser supremo; tuve un tiempo de rebeldía, lloraba mucho y tardé varios años en recuperarme.

Este dolor inaguantable poco a poco se fue transformando en líneas escritas con mi puño y letra en diarios coloridos llenos de calcomanías y frases sin sentido. Los diarios que me regaló mi madrina se convirtieron en una extensión de mi vida. Dormía con ellos, los necesitaba cerca. De repente, llegaba a mí aquel dolor que odiaba con todas mis fuerzas y, entonces, sacaba mi diario y cualquier lapicero colorido para vaciar allí todo aquello que sentía.

Aun a mis 40 años me cuesta leerlos. Es una literatura deprimente de una adolescente que escribía a todas horas "me quiero morir", pero ella, realmente, no se quería morir, lo que quería era ser comprendida, escuchada y amada.

El tiempo me ha permitido diseccionar paso a paso aquel momento oscuro de mi juventud para darle paz y tranquilidad a esa niña que aún vive en mí y de la cual ahora soy madre. He cubierto la mayor parte de las necesidades que esa niña tenía entonces. La versión joven de mí necesitaba orientación, alguien que le dijera que estaba bien llorar, sentir y sufrir, y que todo estaría bien.

Aquella niña que apenas empezaba a construir las mejores memorias con su padre no entendía cómo de repente la dinámica familiar se interrumpía para que ese hombre fuerte por el que ella se sentía tan protegida y al que llamaba "papito", ahora debía "vivir" en hospitales. Esa jovencita adolescente —que empezaba a sentir mariposas en el estómago justo el día antes de que aquella pesadilla comenzara para ella y su familia— se aferraba al recuerdo de un amor adolescente cerrando sus ojos cada vez que quería escapar de la absurda realidad de las salas de espera del cuarto de emergencias del hospital, y así volver a sentir el revoloteo de aquellas mariposas que más temprano que tarde se esfumarían.

Me he convertido en madre de mi niña interior. Me he convertido en madre de esa versión joven de mí, no porque mi madre no hubiese estado presente, o no me hubiese dado todo y más de lo que su capacidad humana le permitía, sino porque tenemos la obligación de serlo. Todas, sin excepción.

Todas hemos sido marcadas por momentos o situaciones específicas en algún punto de nuestra niñez y juventud; todas, sin excepción, hemos vivido experiencias que hoy pensamos hubiésemos podido manejar de forma diferente, y es por eso que todas debemos convertirnos en madres de nosotras mismas.

¿Cuántas veces ocurre algo en nuestras vidas que no nos gusta y de inmediato nos vamos hacia la niñez o adolescencia como absorbidas por un tobogán para justificar la manera en que reaccionamos, o la forma hermética de nuestros pensamientos sobre algo en particular?

Quiero que entendamos esto: la vida es como es, no como debería ser. Es injusto, lo sé, pero la vida es una baraja de cartas, y a cada una se nos regaló un juego diferente. Tenemos la responsabilidad y obligación de jugar el mejor juego con las cartas que se nos otorgaron. Es responsabilidad de cada mujer tomar de la mano a aquella niña interior y amarla incondicionalmente si no fue amada; aceptarla física y emocionalmente si nadie la valoró; comprenderla y escucharla si no tuvo una voz; y respetarla si nadie le brindó respeto.

Aprendí a no dejarla sola y a hacerme cargo de ella. Un día pensé: no quiero darle la espalda (a mi niña interior) porque esa versión pequeña mía me necesita y aún espera mucho de mí. Esa niña sigue confiando en mí, aunque le haya fallado muchas veces; ella sigue creyendo en mí, y todavía espera que le cumpla todos sus sueños. No voy a permitir que mi vida se apague y que le haya cumplido a todos menos a ella.

Te regalo un ejercicio que me ayudó mucho a sanar mi Paolita interior:

> *Ponte frente a un espejo y escoge la edad en la que sientas que abandonaste a tu niña interna; pídele perdón y asegúrale que jamás vas a volver a abandonarla. Dile lo que va a pasar con ella en el futuro, cuéntale sus logros y sus fracasos y garantízale que ella va a estar bien y, que, de ahora en adelante, va a estar aún mejor porque ahora tú la amas, la aceptas, la comprendes y la respetas.*

Déjame contarte un cuento en el que espero te sumerjas y te conviertas en la protagonista:

Había una vez, en un reino oculto, una criatura extraordinaria que albergaba en su interior el espíritu de dos animales sagrados: la paloma y la serpiente. Nadie sabía cómo había llegado a existir ni de qué misterioso lugar había surgido. Solo se sabía que era una mezcla perfecta de lo sublime y lo mundano, un ser que vivía en armonía con la naturaleza, pero también con las sombras que la rodeaban.

Cada mañana, cuando el sol apenas comenzaba a teñir el cielo con sus primeros rayos, la criatura desplegaba sus alas, blancas como la nieve, sintiendo el viento acariciar sus plumas. Era una paloma, un símbolo de paz, conocida en todo el reino por la serenidad que irradiaba.

La paz que la paloma anhelaba no era solo para ella. Sabía que, en lo más profundo de su ser, habitaba una versión indefensa de sí misma, olvidada y desprotegida en algún rincón oscuro de su alma. Así, cada día, alzaba el vuelo no solo para disfrutar de la libertad del cielo, sino para regalarle paz a ese pequeño ser que deseaba liberar. Lo abrazaba con la calidez de un día soleado y lo envolvía en un manto de amor y seguridad, recordándole que ya no estaba solo.

Sin embargo, la paloma no era la única habitante de su ser. Dentro de ella también vivía la serpiente, una criatura silenciosa y astuta que se movía entre las sombras. Por las noches, cuando las estrellas brillaban en el firmamento, la serpiente despertaba, guiada por un instinto antiguo y profundo. No necesitaba ni alas ni patas para moverse; su cuerpo escurridizo le permitía deslizarse entre las grietas de la realidad, siguiendo corazonadas que otros habrían ignorado.

La serpiente no temía al peligro, pero tampoco lo buscaba. Simplemente sabía cuándo algo no era lo que parecía, y cuando llegaba ese momento, se retiraba con la gracia de quien conoce los secretos del mundo. Antes de que comenzara cada nuevo día, la criatura se encomendaba a su sabiduría interna, pidiendo que la guiara, que le enseñara a ser astuta, a proteger su vida y su corazón de todo aquello que pudiera herirla.

Aunque la serpiente no podía volar, su habilidad para deslizarse la llevaba a lugares donde otros no podían llegar, y su sabiduría le enseñaba a distinguir el bien del mal, a identificar lo falso y a huir de ello en silencio.

La criatura comprendía que su poder residía en la dualidad que albergaba. Era paloma y serpiente, una combinación suprema de virtudes en apariencia opuestas, pero perfectamente complementarias. Había aprendido a ser tanto la que vuela alto en el cielo como la que se desliza silenciosa por la tierra. Ambas partes eran necesarias, y al abrazar esta verdad, se había convertido en algo más grande, más completo.

Por mucho tiempo, había intentado ser solo una paloma, deseando volar alto sin detenerse a escuchar las advertencias que la serpiente le susurraba al oído. Pero un día, mientras volaba más alto que nunca, sintió un escalofrío recorrer su ser. La serpiente, desde su rincón, le mostró lo que ella no quería ver: había olvidado su naturaleza dual. Y en ese instante, mientras las nubes la rodeaban, comprendió que no podía existir sin aceptar ambas partes de sí misma.

Así, en un movimiento final, la criatura se detuvo en pleno vuelo y, con un giro majestuoso, permitió que la serpiente tomara el control. Descendió rápidamente, deslizándose entre los árboles, hasta que ambas, paloma y serpiente, se encontraron en el suelo, en el punto exacto donde cielo y tierra se tocan.

Y fue en ese lugar, en la frontera entre la luz y la oscuridad, donde la criatura comprendió la verdad más profunda de todas: su grandeza no residía en volar alto o en deslizarse rápido, sino en saber cuándo hacer cada cosa. Porque, al final, no era solo una paloma ni solo una serpiente. Era ambas, y en esa dualidad encontró la libertad.

Capítulo 2
OJOS DE MIEL

Desde muy joven, mi corazón estaba listo para amar profundamente. A lo largo del camino, conocí a unos pocos, pero grandes maestros que me enseñaron la importancia de conocerme a mí misma y descubrir qué quería realmente de la vida. No siempre fueron lecciones fáciles. Algunas llegaron envueltas en relaciones que, en su momento, no supe reconocer como dañinas. Fueron amores que me confrontaron con mis propias sombras, que me hicieron cuestionar mis límites, mis sueños y mis miedos. Hubo momentos en los que sentí que me perdía, pero en realidad, cada experiencia fue una oportunidad para redescubrirme y reinventarme. Con el tiempo, comprendí que no se trataba de culpar ni de guardar rencor, sino de aprender y evolucionar. Aquellas relaciones fueron maestros disfrazados de tormentas y, aunque dejaron cicatrices, también me guiaron hacia una versión más auténtica y real de quien yo era. Fue así como me preparé para encontrar al gran amor de mi vida.

"Nos conocimos en un cuarto sin ventanas..." Así comenzaba uno de los poemas que mi adorado César me regaló antes de casarnos. Se refería a que nos conocimos a través de internet en 2005, mucho antes de que Match, Tinder, Instagram y Facebook dominaran el mundo de las relaciones. En aquel entonces, conocer a alguien en línea tenía muy mala reputación, y me avergonzaba admitir que estaba enamorada de alguien que solo conocía a través de una pantalla.

Me avergonzaba el hecho de que yo estuviera tan enamorada de alguien a quien apenas conocía a través de un monitor. Después de casi cinco años de matrimonio, por fin nos decidimos a contar la verdad de cómo César y yo nos conocimos, pues hasta nuestros familiares más cercanos creían una historia que fabricamos y que parecía más increíble que nuestra simple y bella realidad que en ese entonces me avergonzaba profundamente.

Pero la verdad es que nos conocimos en un sitio de chat llamado Amigos.com. Ahí, entre conversaciones digitales y llamadas a distancia, encontré a quien hoy es el padre de mis hijos y mi compañero de vida. Han pasado más de veinte años desde aquel primer "hola", y puedo afirmar con certeza que las almas gemelas existen, sobre todo cuando trabajan día a día en alimentar y proteger su amor. El nombre de aquel portal de chat marcó la base sobre la que construimos nuestra relación: la amistad.

Yo tenía veintiún años, y él treinta y seis. Estaba terminando mi tesis universitaria en Comunicación Social y Periodismo, mientras que él acababa de divorciarse. Yo vivía con mi mamá; él, con un hijo de cinco años. Yo venía de una relación de horror, mientras que él planeaba recorrer Sudamérica en busca de aventura. Yo vivía en Colombia, y él en Estados Unidos. Éramos dos mundos distintos, dos almas que parecían destinadas a no encontrarse. Pero el destino es caprichoso.

Nuestra primera conversación fue sobre geografía —un tema bastante aburrido, si soy honesta—, pero luego me preguntó si podía llamarme. Accedí. Cuando sonó el teléfono, dudé en contestar, pero la curiosidad de escuchar su voz y su manera de hablar fue más fuerte. La conversación duró quince minutos. Cuando colgué, estaba temblando. Desde entonces, cada noche recibía una llamada suya que se extendía por horas. Nos conocimos así, palabra a palabra, hasta que un día no llamó. Me preocupé, pero lo dejé pasar. Al día siguiente, recibí una llamada de un número desconocido. Era él. Tenía una sorpresa para mí: "Estoy en Colombia", me dijo.

—¿Estás en Pereira? —pregunté entre asombro y emoción.

—No, en Medellín —respondió con orgullo.

La noticia me emocionó y me decepcionó a la vez.

—Oh, pues disfrútala. Medellín es encantadora —dije con un dejo de sarcasmo.

—Tanto, que no extraño Los Ángeles para nada. ¿Qué tal si te envío boletos de avión y nos vemos aquí? —propuso con entusiasmo.

Ese era el momento de marcar un límite.

—No sé con qué tipo de mujeres estás acostumbrado a salir en Los Ángeles, pero yo no soy como ellas. Si en verdad quieres conocerme, recuerda que vivo en Pereira, no en Medellín —respondí con firmeza. Colgué con un malestar en el pecho, pero minutos después una oleada de euforia me recorrió el cuerpo. Era mi primer gran acto de amor propio.

Pensé que César sería siempre un fantasma en mi vida, le agradecí en silencio la oportunidad de vivir una fantasía que me había permitido llegar a aquel punto trascendental y crucial en mi vida. Él se había convertido, sin proponérselo, en la ventana de posibilidades ilimitadas hacia mi camino de amor propio. Un maestro de paso.

Jamás imaginé que César, aquella ilusión pasajera que me permitiría experimentar un poquito de amor propio, llegaría al día siguiente en el único vuelo que conectaba ambas ciudades. Yo estaba ahí, con los nervios de punta y el revolotear de las mariposas en el estómago.

Lo reconocí al instante. Era él. Más alto de lo que imaginaba, más guapo de lo que soñé y con unos ojos de color miel que me atraparon como un imán. Caminaba hacia mí con decisión, con una sonrisa que parecía iluminar todo a su alrededor. Sentí que el aire me faltaba, que mi piel se erizaba, que cada célula de mi cuerpo despertaba con una intensidad que jamás había sentido.

Nos habíamos encontrado en el centro del mundo, en un punto invisible donde solo existíamos nosotros. En un segundo eterno, nos miramos, y en su mirada supe que todo en mi vida me había llevado a aquel momento. Su abrazo fue fuerte, urgente, como si hubiese esperado siglos para tocarme. Podía sentir su respiración acelerada contra mi cuello, el temblor en sus manos al rodearme. No hubo palabras, porque no eran necesarias. Éramos solo dos almas que se reconocían y que, por fin, se fundían en un solo instante.

César y yo nos dimos un abrazo fuerte y prolongado, y el revolotear de las mariposas se sentía con mayor intensidad. Notaba su cuerpo temblar y me emocionaba verlo frente a mí. No hubo besos, solo un par de abrazos más y nos fuimos a tomar algo que nos anestesiara un poco la ansiedad. Y por fin, un poco más calmados, y embriagados por la curiosidad, nos besamos, y nos volvimos a besar, y otra vez y ya no supe cuántas veces más. Hablábamos como atragantados por nuestras propias palabras y nos besábamos una y otra vez, y era tanto lo que sentía que no sabía si hablar o besarlo. Jamás me besaron de esa forma. Dulce y pasional, como un huracán que regala paz o un fuego que no quema pero que enciende la pasión oculta.

El día se transformó en noche y decidimos ir a su hotel para ya no tener las maletas en el carro ni las ganas en la imaginación.

Me debía ese día, y me lo cumplí. El futuro era tan incierto como seductor, y así me fui un día a la vez; permitiéndome esta historia de amor que llegó a mí de la manera más inesperada, pero con la certeza de que esta vez era yo y únicamente yo la que llevaba el timón de mi vida.

Han pasado veinte años desde que conocí a César y su mirada de miel, y desde entonces no he parado de amarlo un solo día.

Él me regaló la ilusión y yo fui sus alas cuando no podía caminar... ya entenderás por qué.

Capítulo 3
EL ESPEJO

El amor tiene el poder de transformarnos, de mostrarnos versiones de nosotros mismos que jamás imaginamos. Lo supe desde el momento en que vi a César y su mirada de miel, y lo confirmé en cada paso que dimos juntos. Pero antes de convertirnos en la pareja que hoy somos, fuimos dos almas intentando encontrar su lugar en un mundo que nos quedaba grande.

Escribir quiénes éramos César y yo antes de que nuestras vidas cambiaran de forma tan radical se siente como una tarea casi imposible. Primero, porque los seres humanos tenemos la costumbre de enterrar aquello que nos avergüenza, lo que nos hace sentir pequeños, insignificantes. Y segundo, porque el tiempo y la vida han avanzado tanto que a veces siento que describirnos es como escribir sobre dos personajes que ya no existen, sombras de quienes alguna vez fuimos.

Me casé joven, a los veintidós años, recién graduada como Comunicadora Social y Periodista. A los pocos meses de la boda, dejé mi país para mudarme a Los Ángeles, donde me esperaba una nueva casa y una realidad completamente diferente. Mi energía estaba puesta en aprender a ser esposa y en descifrar cómo encajar en mi nuevo rol de madrastra, o «casi mami», como me llamaba Sebastián, el hijo de seis años de César.

Recuerdo que ese primer año se sintió como un cautiverio. Era una jaula de oro, invisible pero asfixiante, marcada por mi desconocimiento del idioma, mi dependencia de otros mientras aprendía hasta las cosas más pequeñas del diario vivir, y la soledad que se apoderaba de mí. Extrañaba mi país y a mi familia con una intensidad que me desgarraba. No tenía amigas, apenas conocía a la extensa familia mexicana de César, y las responsabilidades de mi nuevo rol parecían un peso que, a mis veintidós años, nunca imaginé tener que cargar.

César y yo vivíamos el momento, llenos de sueños grandes, pero con muy poca disciplina para perseguirlos. Nos amábamos, de eso no cabía duda, pero también éramos expertos en lastimar ese amor. Había en nosotros una paradoja constante: el deseo ferviente de ser mejores y, al mismo tiempo, una inclinación diaria a sabotearnos.

Nuestra vida social era vibrante, quizás demasiado. Si no había una fiesta a la que ir, nosotros mismos nos inventábamos una. Los bares eran nuestra segunda casa, el alcohol, un compañero constante, y nuestra capacidad de salir ilesos de situaciones peligrosas se sentía como un misterio. Hoy sé que no fue suerte; fue Dios, protegiéndonos incluso de nuestra inconsciencia.

En lo laboral, éramos almas sin brújula. César intentaba emprender, pero los negocios nunca despegaban. Yo, por mi parte, hacía lo que podía: vendía carteras y artículos en eBay mientras lo ayudaba en sus proyectos. Pero esa sensación de haber llegado a Estados Unidos como una joven profesional, solo para terminar enredada en tareas que me parecían irrelevantes, me carcomía. En aquel entonces, no entendía que todo lo que hacemos, incluso lo que parece insignificante, nos edifica y nos da perspectiva.

Si algo hacíamos bien, era cuidar de Sebastián. Los días que le correspondían a César eran sagrados, inamovibles, y nos entregábamos completamente a su crianza. Pero más allá de eso, nuestra vida no nos llenaba. Al contrario, parecía absorbernos, alejándonos cada vez más de quienes estábamos destinados a ser.

Las mañanas después de una noche de excesos eran siempre iguales: me despertaba tarde, con un dolor de cabeza punzante, sintiéndome vacía y sin fuerzas para cambiar mi destino. Me miraba al espejo y me preguntaba si el amor que sentía por César valía todo el sacrificio. Pero en ese entonces, nuestra relación con Dios era nula. Si alguien me hubiera preguntado, habría dicho que Dios no formaba parte de nuestras vidas, y lo cierto es que ni siquiera entendía lo mucho que nos hacía falta.

De alguna manera, siempre intentábamos entumecer nuestra propia miseria. Era como si el ruido de las fiestas, el alcohol y las risas superficiales fueran el anestésico que usábamos para ignorar el vacío que sentíamos. Desde fuera, cualquiera habría pensado que éramos una pareja tranquila, viviendo su vida, pero por dentro estábamos cada vez más cerca del colapso. Algo tenía que pasar. Y pasó. De qué forma pasó.

Capítulo 4
11.11.11

El 11/11/11, alrededor de las 11:00 p. m., César, mi esposo, sufrió un accidente que no solo le cambiaría la vida a él sino a todos los que lo rodeábamos. Aquel día salimos a celebrar su cumpleaños, que en realidad era el 11/12/11. Habíamos planeado una reunión familiar, así que esa noche del 11/11/11 decidimos acudir al lugar más cercano y con mejor ambiente que conocíamos. Un restaurante-bar que quedaba en una marina y que cada viernes llevaba una banda de salsa y el mejor ambiente para distraerse después de una semana difícil de trabajo.

Recuerdo que yo no quería ir a aquel lugar, sino a otro que estuviera fuera de la marina, pero él estaba cansado de conducir todo el día. Llegamos al restaurante y pedimos unos cócteles azules con un nombre bastante particular, "adiós, mother fucker". Aún no me explico por qué ordenamos algo así, porque nunca tomábamos cócteles, pero creo que la vida, a veces, necesita reírse de nosotros, los seres humanos, y con su humor particular nos estaba queriendo decir lo que pasaría a continuación.

Nuestro estilo de vida, hasta ese momento, no tenía un norte claro. Nos amábamos, eso era una certeza, pero no teníamos propósitos definidos ni como pareja ni mucho menos como individuos. Nuestros hábitos alimenticios eran pésimos, tomábamos alcohol varias veces a la semana y César fumaba una cajetilla de cigarrillos diaria de la que yo le sacaba uno o dos para los fines de semana. No pensábamos en tener hijos, César ya tenía a Sebastián y, en aquel momento, vivíamos en un apartamento en un edificio de lujo que era la única propiedad que había quedado de la época de inversiones y buena economía de César cuando me conoció. Sin embargo, no podíamos pagarlo y vivimos allí hasta que el banco tomó nuevamente posesión de él.

El vaso del "adiós, mother fucker" seguía lleno, solo habíamos tomado un sorbo porque su sabor era tan fuerte como el cambio de vida que llegaría minutos después. Buscábamos siempre el patio de los lugares a los que íbamos para que César pudiera fumar y aliviar su estrés. La banda de salsa hizo una pausa, y uno de sus músicos salió a buscar un cigarrillo; se nos acercó para pedirnos uno. César se lo ofreció sin problema y el músico se quedó allí, al lado mío, mientras César, en frente de nosotros, se ponía cómodo al recostarse en uno de los barandales gruesos de madera que recorrían todo el perímetro del patio del lugar.

El barandal viejo y sin mantenimiento que sostenía a César se salió de repente, y en cuestión de segundos veía con horror cómo se caía mi esposo, el amor de mi vida, la persona que más me comprendía y mi mejor amigo. Recuerdo aquel momento a cámara lenta; fueron solo segundos que se convirtieron en una noche de horror. César cayó sobre su columna en el pavimento a una distancia de 12 pies, y yo, allí arriba, lo veía precipitarse, impotente por no poder bajar para estar a su lado inmediatamente.

Llamé al 911; fue una llamada difícil. Trataba de buscar una vía que me llevara hasta donde estaba él, porque si me tiraba desde allí, seríamos dos los lesionados. Me regresé por la pista de baile, que acababa de llenarse de parejas que bailaban salsa, mientras yo hablaba con la voz femenina de emergencias, que me preguntaba dónde estaba y a la que solo le suplicaba llorando que llegaran pronto.

No encontré ninguna salida, así que regresé al patio decidida a saltar pasara lo que pasara. Fueron unos pocos minutos que parecieron una eternidad. Un joven, cantante de la banda, apareció de la nada y me dijo que había encontrado un camino para llegar hasta César de manera más rápida y segura. Me llevó por la orilla de aquel patio, y de una distancia más pequeña logré saltar y finalmente llegar hasta él.

Ya habían llegado los paramédicos y les pedí que me dejaran permanecer a su lado. Nos miramos y le dije: "Todo va a estar bien".

Su camiseta negra con letras blancas fue cortada a la mitad para poder subirlo a la camilla, algunas personas bajaron a ver y otras me ayudaron a tomar fotos de todo lo que había ocurrido para usarlo en una corte en caso de ser necesario. Nos subimos a la ambulancia y tuvimos un par de minutos a solas. "¿Me perdonas?", me dijo con una expresión de dolor y angustia. "Todo va a salir bien, yo estaré a tu lado siempre", le decía mientras mi corazón palpitaba con la fuerza del amor eterno y un miedo absoluto.

Aquella fue una noche larga, dolorosa y llena de incertidumbre. Su familia, que se preparaba para celebrar su cumpleaños al día siguiente, llegó a acompañarnos por varias horas. Sé lo que significó para César sentirse arropado aquella noche.

Finalmente, y después de mucha morfina que casi no le calma el dolor, nos quedamos dormidos a las 6 de la mañana, él en la camilla del cuarto de emergencia, y yo, en una silla de plástico a su lado, pero la siesta duró solo una hora porque a las siete entró la doctora de turno:

—Buenos días, tengo una buena y una mala noticia. ¿Cuál le gustaría que le dijera primero? —dijo la doctora que llegó a explicarnos los resultados de los exámenes médicos de la noche anterior.

Cuando hoy recuerdo aquella doctora pienso en su falta de tacto para pronunciar las palabras que cambiarían nuestras vidas para siempre. César la saludó, y yo apenas si podía abrir mis ojos.

A pesar de lo poco que habíamos descansado, César estaba feliz porque su dolor se había calmado; pensó que aquella sería la buena noticia y que la mala sería una terapia para fortalecer su columna, así que le pidió que le diera la buena noticia primero para animarse un poco, creyendo que saldría del hospital el mismo día de su cumpleaños y que podría celebrar, aunque fuera sentado y sin mucha actividad.

—Deme la buena noticia —le pidió César.

—La buena noticia es que podrá volver a caminar, aunque con mucha terapia, pero va a lograrlo —respondió la doctora, sonriente, mientras César, que pensaba que la buena noticia sería salir del hospital, comenzó a pre-ocuparse, y muy confundido le pidió que, por favor, le explicara entonces cuál era la mala noticia.

—¿Han visto shows de televisión donde una noticia que al principio parece mala resulta ser buena?

—Ella nos tenía absolutamente confundidos con su relato, y continuó—: Este parece ser uno de esos casos porque, a raíz de los exámenes médicos que le tomamos a su columna, nos dimos cuenta de que usted tiene un tumor cancerígeno en el riñón izquierdo; lo bueno es que, gracias a la caída, lo detectamos a tiempo, porque apenas se está formando y se encuentra en un nivel uno o dos, así que podrán extirparle el riñón y seguir viviendo. —Estas fueron sus palabras que, más bien, parecían una condena, y así nos quedó la vida por los días siguientes...

En medio de sombras arremolinadas y ecos [...]dos, el tiempo se despliega como un tapiz arrancado del telar [...] el caos, una tempestad de silencios [...] [...]dos y pensamientos susurrantes. Cada instante perdura [...] oscuro con el peso de [...] no expresados y [...] inquietos que se [...] por la mente como [...] contra acantilados escarpados.

[...] de la incertidumbre, los sonidos se [...] sin decir a ninguna parte, pero a [...] a todas partes. La angustia se apodera del corazón, un espectro **caos** que acecha los rincones más oscuros del alma. Susurra tormentos, oportunidades perdidas, gritos silenciosos, deseos y [...] aferrándose a la esperanza útil, continua [...] en la vida, luchando contra la inevitable atracción y la desesperación.

[...] de la merced de la incertidumbre, el tiempo se estira, una distensión que amenaza con romperse bajo la presión de [...] indeseables y preguntas sin respuesta. El mundo gira, ajeno a la [...] interior, mientras el espíritu [...] con las sombras de lo que pudo haber sido y de lo que tal vez nunca sea. Cada respiración [...] un grito de batalla contra el entumecimiento que [...] instinto de resistencia ante la adversidad implacable.

En esta sinfonía de caos, angustia, alegría, la vida se despliega en melodías fragmentadas y armonías disonantes. Sin embargo, en las notas discordantes, yace una fuerza silenciosa, una brasa de esperanza que arde desafiante en la hora más oscura, un faro que **vacío** revela las profundidades laberínticas de la incertidumbre y el dolor.

El aire ... como ... presagio.
La ... por el roce ... días, se
funde ... muro de las horas. Todo era
avanza sin ... como un ... condenado
a ... el mismo cauce una y otra vez,
destilando ... sobre el ... de lo irreme-
... pero es un
... son apenas ... de
convertirse en ... un murmullo lejano que se di-
... nada.
...

Las formas ... reales se destejen en
la mirada, y ... se convierte en un enemigo silen-
cioso que ... fragmentos de lo que una vez fue. Los
días se ... en la garganta, espesos, indigestos,
como si el tiempo ... tragara a sí mismo en un festín de
desesperanza. No hay principio ni fin, solo la sensación
de estar atrapado en un engranaje inmenso que no se
detiene ni permite saltar de un mecanismo gastado.

El cuerpo se mueve, pero no avanza. La mente grita,
pero nadie **inercia**. La soberbia de la rutina, su larga
hacia devorar ... una ... rebeldía ... fuera algo,
pero no más ... Tal vez una grieta en la estructura,
una luz ... al ... largo. Tal vez nada. Tal
vez el ... sea la única certeza, la única verdad en
este juego de ... lismos y silencios.

Y, sin embargo, en algún rincón invisible, algo
tiembla. Un latido diminuto, una fisura en la estática asfixiante. No es luz, ni promesa, ni salvación; es apenas
... un temblor, un roce imperceptible en la
superficie de lo inmóvil. Un recuerdo de movimiento, de
posibilidad. Tal vez insignificante, tal vez inútil. Pero

Los días que siguieron, especialmente después de los diez que nos tomó salir del hospital, fueron días inciertos, días negros, días vacíos, días; solo eso: días.

Entre terapias y visitas a los doctores, César comenzó a informarse sobre cómo ayudarse de algún modo. Y allí empezó un largo y bello camino de metamorfosis para ambos. César me pidió que le hiciera una terapia de jugos, dejó por completo su vicio del cigarrillo con el que llevaba más de 15 años, cortó de raíz el consumo de cualquier carne animal, leía acerca de su diagnóstico y comenzó a orar como nunca en su vida. La vida nos obligó a doblar nuestras rodillas para pedir ayuda, orientación y hasta un milagro.

Recuerdo con exactitud el día que regresé de la farmacia con una medicina para él y abrí la puerta de nuestro lujoso apartamento (que perderíamos en algún momento), y, aunque esperaba verlo en la sala, tal cual donde lo dejé, no estaba allí. Abrí la puerta de nuestra habitación y ahí lo encontré, de rodillas, llorando y orando. Lo interrumpí porque César estaba tan débil para caminar o hacer cualquier movimiento que le pregunté qué pasaba; me miró y me dijo:

—Me acaban de llamar para confirmar que el cáncer no me ha llegado al cerebro; estoy dando gracias a Dios.

Me arrodillé junto a él llorando de felicidad y oramos juntos.

Aquella Navidad del 2011 fue especial. Algo había cambiado para siempre dentro de nosotros; no éramos los mismos ni teníamos los mismos objetivos después de todo lo que habíamos pasado. Queríamos celebrar, sí, pero esta vez solo celebrar la vida, ver la grandeza de cada alma y disfrutar la segunda oportunidad de vida para corregir y rectificar nuestro camino.

En el 2012 nos convertimos en veganos, no comíamos animales ni derivados de animales, pues César decidió no operarse y en vez de eso ir monitoreando su proceso con exámenes de imagen mientras realizaba tratamientos homeopáticos. En el proceso, lo vi perder unas 60 libras, no por el cáncer sino por las terapias de ayuno donde sometió su cuerpo a procesos drásticos de cambios de alimentación, fiebres inducidas, consumo de hierbas asiáticas y una limpieza general de pensamientos y costumbres tóxicas. Aquel año fue un regalo para nuestra salud, una pausa forzada que nos obligaba a mirarnos hacia dentro y enfrentarnos a una nueva realidad que no sabíamos cómo navegar.

El 2012 fue bello pero duro, lloré más ese año que si juntara las lágrimas de todos los años anteriores. En el proceso quedé embarazada de mi primer hijo, Santiago, embarazo del que me di cuenta cuatro meses después de su fecundación y al que me aferré los últimos y más difíciles meses de aquel año.

En agosto, César y yo estuvimos a punto de separarnos, sus cambios radicales de ánimo nos llevaron a faltarnos al respeto, y aunque sabía que no era él actuando sino el producto de un miedo inmenso, aguanté lo que más

pude, hasta que un día no lo soporté más y tuve una dolorosa conversación con él; por primera vez en mi vida
vi a un hombre llorar como un niño pequeño perdido y
solo en el mundo.

Me convertí en su fuerza,
Limpié sus heridas,
Le besé el corazón,
Lo llené de vida,
Lo acompañé a navegar por el río embravecido.
Fui el pañuelo que tantas veces le secó el rostro.
Lo enfrenté a su nueva realidad.
Recé biblias enteras por él… y por mí.
Fui madre cuando aún no concebía.
Me volví piedra cuando él estaba hecho polvo.
Aplaqué sus miedos con mi sonrisa.
Señalé el cielo cuando lo único que había de frente era
suelo.
Un día no tuve más remedio que hacerlo…
Tuve que ser sus alas cuando él ni siquiera podía caminar.

Octubre de 2019

Capítulo 5
¡YA BASTA!

Una noche me lo cuestioné todo.

¿Qué hago con él? ¿Qué hago en esta relación? ¿Por qué elegí esta vida? Tal vez, con mi juventud, belleza e inteligencia podría tener la vida que tanto soñé. Él no me hace feliz, él es el impedimento para la vida que quiero.

¿Cómo es posible que alguien que dice amarme tanto, que me conquistó enseñándome lo más hermoso de su ser, y que haría cualquier cosa por mí, a la misma vez, sea capaz de lastimarme tanto y tan profundamente?

Muchas veces me vi acostada en mi cama llorando y ahondando en estas preguntas, tratando de encontrar una respuesta que satisficiera mi profunda decepción por él.

¿Por qué no me iba entonces?, ¿por qué no abandonaba todo lo que había construido por años con él?, ¿por qué no dejaba esa relación y me quedaba sola haciendo la vida que tanto soñé para mí?
¿Por qué no era capaz de dar ese paso si tenía todo a mi favor para hacerlo?

Poco a poco, durante mi matrimonio, empezó a apagarse la llama de la joven mujer vibrante, feliz y determinada que había sido. Permití que mi propósito y norte se desvirtuaran por completo, permití humillaciones y faltas de respeto.

Llegué incluso a permitir que se quebrantaran algunos de mis no negociables. Permití cosas de las que hoy me arrepiento; permití incluso ser parte de situaciones de las que salí muy lastimada, permití que él manejara absolutamente todo de mi vida: mis finanzas, mi salud, y mi tiempo, las tres cosas fundamentales que nadie puede ni debe jamás hacer por ti.

¿Por qué entonces no me iba?, ¿qué era lo que me detenía para tomar la decisión que cambiaría por completo el rumbo de mi vida?, ¿qué me lo impedía?

Seré absolutamente honesta; incluso escribiendo estas líneas me cuesta decir mi verdad y me siento vulnerable hasta las lágrimas.

No me bajé del barco de mi relación porque tenía miedo de enfrentarme a la vida real por mí misma. Me anclaba a él la comodidad económica (que por muchos años paradójicamente no fue cómoda), me ataba a él el hecho de tener que regresarme a mi lugar de origen, a mi amada Colombia tan fracasada. Me mataba la inseguridad de carecer de las herramientas para dejarlo y quedarme sola sostenida por mis propias capacidades. Quería pararme en el mundo con la valentía que yo creía que me darían la belleza, la juventud y la inteligencia de las que tanto presumí. Al final, esas armas no me bastarían porque son un paradigma, un sueño y una ilusión que nada tienen que ver con la valentía, el coraje, la determinación, la autonomía y el respeto hacia uno mismo.

¡Sí!, lo admito, no me marché porque tenía miedo de enfrentar el mundo sola, porque no me creía capaz de

sostener una vida financieramente estable por y para
mí.

Pero entonces, ¿acaso no lo amaba?, ¿solo estaba con
él por lo que me podía ofrecer? Para ese momento,
después de tantos años juntos y de todo lo que vivimos,
mi corazón estaba seguro de que mi amor por él sería
eterno, pero no tan fuerte como el hecho de sentirme
inmovilizada para alcanzar una vida desconocida.

Ya entrados en siete años de matrimonio, tenía clarí-
simo qué él sería la persona que siempre ocuparía mi
corazón, que él era el espejo de mi propia vida y que
éramos tan similares en tantas cosas que Dios me estaba permitiendo atravesar una tormenta para poder ver
el cielo despejado. Sabía que tenía que irme, y que él
estaría siempre en mi corazón. Ya no era un amor de
mariposas en el estómago, era el amor de mi familia; él
se había convertido en mi sangre, era parte de mí, era
mi brazo derecho, el café en las mañanas, el whisky de
los fines de semana; era la persona que más me conocía,
la que sabía cómo olía cada rincón de mi cuerpo, la que
conocía cada gesto, cada movimiento: ¿cómo no iba a
amar yo a esa persona?

Por supuesto que lo amaba, pero no me pesó tanto el
amor por él para quedarme, como mi orgullo por no
sentir que fracasé.

Me pregunté muchas veces, ¿de dónde viene esta inca-
pacidad?, ¿de dónde viene esta castración de poder?

¿Por qué, si considerándome una mujer inteligente, preparada y que había logrado tantas cosas siendo tan joven, decidí continuar y seguir haciéndome tanto daño?

Cómo me dolió encontrar la respuesta.

En esa búsqueda comprendí algo. Comprendí que a uno nadie le hace nada, y que, por el contrario, uno todo lo permite. Comprendí que yo solita me había tendido una trampa. Me observé corriendo en círculos sin un mapa claro para llegar a la meta. Comprendí que lo que yo quería estaba fuera de mi control. Finalmente, comprendí que el error consistía en querer cambiarlo para yo ser feliz.

Pero también aprendí grandes lecciones.

Aprendí el valor de decir no.

Aprendí que no existe nadie en el mundo que pueda darme lo que yo no puedo darme a mí misma.

Aprendí que nadie es responsable de mi total y absoluta felicidad.

Aprendí que el amor es un cambio constante, un mutante ciego cuya brújula es el tejido de pequeños actos de bondad.

Y finalmente me di cuenta de quién era yo en la relación.

Me di cuenta de que, para él, yo también era una carga.

Me di cuenta de que no era una buena jugadora de equipo.

Me di cuenta de mis carencias y faltas.

Me di cuenta de que él también sufría, y mucho, pero en silencio.

Abracé cada una de mis debilidades y le pedí a Dios un milagro, aunque sentía que, en lugar de un milagro, Dios me mostraba con más fuerza y claridad la puerta de salida.

Llegó a nosotros el flagelo de las consecuencias del alcohol en un momento de inmensa vulnerabilidad.

Contra ese monstruo no pude pelear más y, a pesar de mi fe puesta en Dios, de las ganas que tenía de que aquello funcionara, finalmente me armé de valor y tomé la decisión de abandonarlo todo.
Decidí quedarme tres meses (tiempo que calculé que tardaría su recuperación) en plan compañera y cuidandera en un proceso de salud bastante complejo.

Lo vi llorar como un niño pequeño, como nunca vi llorar a nadie. En ese punto, yo ya no tenía recriminaciones y comprendía que él no era él cuando se pasaba de copas; entendí también por qué cayó en eso. Se lo perdoné y me perdoné. Fue duro, me sentía vacía, sentía que quería hacer más pero también sabía que, si me quedaba, tampoco le haría un bien.

Teníamos reservaciones listas con meses de anterioridad para ir a Las Vegas a celebrar nuestro séptimo aniversario. Él me pidió que fuéramos y disfrutáramos el tiempo que nos quedaba como los grandes amigos que éramos. Fueron tres días de amor genuino (sin intimidad); era un amor de amigos, un amor de gratitud, un amor que atesoraría para toda la vida en mi corazón.

Y de repente, cuando ya no lo esperaba, cuando me resigné y le prometí a Dios seguir los caminos que tenía para mí, cuando ya no le pedía nada... el milagro sucedió.

Regresando de Las Vegas me sentía rara, sentía mi vientre duro y estaba muy débil, quería dormir la mayor parte del día.

Mi mamá me dijo: "Tal vez estás embarazada". Le respondí que era imposible. Gracias a la insistencia de mi madre me hice una prueba casera, me hice dos, me hice tres y, efectivamente, ¡estaba embarazada!

Fui a hacerme un chequeo médico y no solo confirmaron mi embarazo, sino que sería un niño y que nacería en cinco meses.

¿¿¿Qué??? Cómo voy a tener 16 semanas de embarazo y no darme cuenta.

Mi corazón desbordaba de felicidad y, a la misma vez, de pánico. No quería que mi hijo creciera en un hogar donde los padres no habían sanado, donde no había estabilidad emocional ni económica. Yo ya había tomado una decisión.

"¿Por qué ahora?", le pregunté a Dios. "¿Por qué no antes o después? ¿Por qué justo en este momento?".

¡NO! Ya basta... había aprendido a resignarme ante los hechos de los cuales no tenía control y dejé de cuestionar el milagro que estaba viviendo y creciendo en mi cálido y resplandeciente vientre.

Solo había dos opciones. Criar a nuestro hijo como grandes amigos o criarlo bajo la apuesta del milagro que claramente se me dio en los tiempos que el Creador tenía para mí, y no en los míos. Esa segunda opción era seguir creyendo y cultivando la fe de que él y yo podíamos y teníamos con qué.

Finalmente tomamos la decisión de empezar de cero, y yo, por primera vez, me lancé a tomar una decisión trascendental en mi vida con absoluta conciencia y responsabilidad de lo que pudiese pasar y de su resultado.

Mi vientre crecía y, con él, la incertidumbre, que a la vez se convirtió en un examen de fe y compromiso. En diciembre, con casi ocho meses de embarazo, perdimos nuestro apartamento y guardamos nuestras cosas en un lugar de almacenamiento de rentas mensuales. Recuerdo estar allí parada, acariciándome el vientre, y viendo cómo arrumaban la sala que habíamos comprado hacía años y con la que habíamos creado tantas memorias; la cama, que fue nuestro recinto sagrado y el lugar más cómodo del mundo para descansar; el comedor, que tantas veces me permitió lucirme como chef; nuestra ropa y, con todo esto, nuestros sueños de recibir a Santiago, nuestro hijo, en un lugar decente y digno para su llegada.

Allí estaba yo, acariciando mi vientre mientras veía cómo se esfumaba literal y definitivamente lo que conocíamos de nuestra vida. Veía a César con su fortaleza firme luchando por recuperar su salud, sus ingresos y su vida. Fue un tiempo difícil; nadie supo esto, ni amigos ni familiares. Teníamos que salir adelante solos, aprender e interiorizar para siempre aquella lección de vida, aquella segunda oportunidad, el regalo que está reservado para pocos. Así que, al cerrarse las puertas de aquella bodega con todo lo que alguna vez adornó nuestro hogar, ya no podían existir más caídas. Habíamos tocado fondo, y desde ese momento viviríamos allí.

Esa noche, y algunas más, no teníamos un lugar donde dormir. Éramos nómadas con posesiones bastante básicas: un carro y una maleta llena de ropa y fe, porque, cuando ya no tienes nada que perder, te puedes dar el lujo de volver a comenzar, ya que cualquier cosa se vuelve ganancia. Y yo tenía una fortuna que superaba los anhelos de muchos: el amor de mi esposo y la dulce espera de un ángel que llegaba a un mundo en el que solo le podíamos ofrecer nuestro amor, la fe y la promesa de reconstruirnos para darle un hogar sano y feliz.

Esa primera noche tomamos la decisión de dormir en un motel de paso mientras buscábamos un apartamento de renta que nos aceptara una aplicación. La búsqueda de ese nuevo espacio para establecer nuestro hogar duró casi cuatro semanas. Fueron muchas las noches en que me despertaba por la incomodidad natural de un embarazo avanzado, pero fueron muchas más en las que me desvelaba un dolor profundo en el corazón que me hacía llorar inconsolablemente dentro de las cuatro paredes de ese incómodo y oscuro motel.

Esa pequeña habitación, con una cama, una televisión y una mesita que funcionaba como escritorio y comedor se había convertido en nuestro hogar desde el 15 de diciembre de 2012 hasta mediados de enero del 2013. César salía a trabajar muy temprano y yo me arreglaba para comer algo en el lobby del hotel, manejado por una mujer asiática de baja estatura y corazón inmenso. El desayuno era lo mismo para todos, una variedad de frutas, cereales y panes que a ella le parecía terrible en mi condición de embarazada, así que me servía un desayuno con huevos y avena para asegurarse de que mi bebé y yo estuviéramos bien alimentados. En ese lobby veía huéspedes diferentes cada día, y yo seguía allí con mi esposo que salía cada mañana a buscar nuestro nuevo porvenir como socio de una empresa en el sector de la construcción que apenas empezaba, y mi bebé que crecía sano y fuerte dentro de mí.

Cuando regresaba de tomar el desayuno, ponía en mi teléfono la canción de Mariah Carey "All I want for Christmas is you" ("Lo único que quiero esta Navidad eres tú") y la cantaba una y otra vez en forma de oración y súplica a Dios, que nos permitiera recibir nuestro milagro de vida en un hogar que consideráramos nuestro y no en un motel de paso desde donde la vida se siente hostil, gris y sin esperanza.

Fueron varias las aplicaciones de renta que se nos negaron, así que pedimos ayuda solo a una persona y en total confidencialidad, pero esta fue su respuesta: "Tú estás enfermo, y yo no puedo hacerme cargo de tu mujer y tu hijo en caso de que faltes".

Cuando pensé que ya no había más fondo que tocar, me fui de bruces hacia la incertidumbre.

La fe seguía intacta pero la humanidad salía como cántaros de agua a través de nuestros ojos. Incontables fueron nuestros abrazos y las conversaciones hasta tarde planeando, visualizando y creando en nuestra mente lo que sería nuestra vida. No teníamos nada, pero éramos ricos porque nos teníamos el uno al otro absoluta e incondicionalmente. Y sé con total certeza que ese es un lujo que pocos alcanzan a experimentar.

Finalmente, a mediados de enero, logramos rentar una propiedad que estaba muy por encima del presupuesto que teníamos mensualmente. Nos habían aprobado, y en cuestión de días podríamos salir de aquel lugar al que me juré no volver jamás. Sacar nuestras pertenencias de aquella bodega de almacenamiento y esperar la llegada de nuestro hijo era un sueño maravilloso, pero me preocupaba nuestra economía.

A la mañana siguiente de que nos dieran luz verde para mudarnos, le pregunté a César, que ya estaba casi en el carro, listo para irse a trabajar:

—¿Cómo vamos a hacer para pagar esa renta?

Y él me contestó:

—Si no puedo generar esa cantidad de dinero para darle el hogar que merece mi familia, significa que realmente habré fracasado como hombre, como empresario, como esposo y como padre. Todo va a estar bien.

Nos mudamos a mediados de enero de 2013, y un mes después nació nuestro hijo Santiago y, con él, una lluvia de bendiciones que marcaría el nuevo ritmo de nuestra vida.

Santiago significa "Dios recompensará".

Capítulo 6
EL VUELO

El nacimiento de Santiago no solo marcó la llegada de un nuevo miembro a nuestra familia, sino que fue también nuestro renacer. Como pareja, como empresarios, como padres y como seres humanos, su llegada se convirtió en el punto de partida de una vida nueva, una más plena y con propósito.

Recuerdo aquellos días como madre primeriza con una claridad casi sobrenatural. Vivía en un hogar que finalmente sentía como mío, con un esposo que poco a poco recuperaba su salud y sus finanzas. Me sentía en el cielo, profundamente agradecida por cosas que antes consideraba normales. Era un despertar espiritual y emocional, una gratitud tan grande que transformó mi forma de ver la vida. Las sonrisas de Santiago, verlo crecer sano y fuerte, y esos momentos íntimos de madre e hijo eran tesoros que iluminaban mi día a día. Era como si hubiese tocado el cielo con las manos.

Con Santiago vino una estabilidad que antes solo habíamos soñado. Su llegada nos llenó de amor y felicidad, y también fue el puente hacia un reencuentro profundo con Dios. Nunca olvidaré cómo descubrí su existencia después de cuatro meses sin saber que estaba en mi vientre. El miedo me paralizó al principio, pero también fue un catalizador para buscar respuestas. Abrí la Biblia en busca de consuelo, y allí estaba el mensaje que cambiaría todo: confía.

Esa palabra resonó en cada fibra de mi ser. Confiar significaba dejar ir el control, abrirme al proceso y abrazar lo desconocido. Fue un acto de fe que nos llevó a tener conversaciones incómodas, esas que remueven las bases de tu relación y te fuerzan a crecer. Conversaciones que nos llevaron al borde, sin saber qué nos esperaba al otro lado. Pero, al enfrentarlas, encontramos claridad y un nuevo compromiso.

César encontró la fortaleza para enfocar todos sus esfuerzos en el negocio que apenas iniciaba. Con una determinación inquebrantable, logró posicionar la empresa entre los desarrolladores más reconocidos de Los Ángeles. Su trabajo arduo y su visión elevaron la compañía a un lugar de respeto y prestigio en la industria.

Mientras tanto, yo emprendía un viaje interno, un proceso de exploración personal para descubrir quién era y quién quería ser. Tenía entre mis brazos la materialización de una promesa divina, una que ni siquiera sabía que había pedido. Cada dificultad, cada sombra en mi vida había supuesto un paso hacia este momento de plenitud. Había transitado por los cielos más oscuros y, sin embargo, estaba aquí, sostenida y fortalecida.

Nuestro matrimonio, que había enfrentado más pruebas de las que parecía posible superar, emergió más fuerte que nunca. Fue como si nuestro destino siempre hubiese sido permanecer juntos; una historia de lucha, entrega y compromiso que desafió todas las probabilidades. Esos días fueron tal vez los más felices de mi vida. Aprendí mucho sobre mí misma y sobre las incontables bendiciones que me rodeaban.

Santiago creció como un ser extraordinario. Desde sus primeros pasos, demostró una nobleza y un corazón inmenso que siempre me llenaron de orgullo. Siempre le digo que su propósito ya está marcado, que su gran corazón y su capacidad son un regalo que el mundo necesita desesperadamente. Para nosotros, Santiago fue y siempre será una prueba tangible del poder y la misericordia de Dios.

Su llegada marcó un antes y un después. De pronto, ya no estábamos perdidos, ni solos, ni sin rumbo. Ahora teníamos un ángel que nos necesitaba sanos, unidos y dispuestos a amar incondicionalmente. Su vida no solo cambió la nuestra, sino que se convirtió en el ancla que nos mantuvo firmes en medio de cualquier tormenta. Santiago, nuestro renacer, nuestra promesa cumplida, y el recordatorio constante de que la fe y el amor siempre tienen la última palabra.

Pero con su llegada también nació en Santiago un nuevo propósito, un nuevo papel que, sin darse cuenta, lo esperaba desde siempre. Su corazón, aún pequeño, entendió que ya no era solo el niño que descubría el mundo, sino el faro que iluminaría el camino de alguien más. Estaba listo para asumir su rol, para convertirse en algo más que un hijo: en un hermano mayor.

Y así, mientras nuestra familia se expandía, también lo hacía nuestra transformación. Cada latido, cada nuevo comienzo nos empujaba hacia una vida más plena, más consciente, más llena de amor. Porque crecer no solo es sumar presencias, es permitir que cada nueva vida nos moldee, nos renueve y nos guíe hacia la mejor versión de nosotros mismos.

Capítulo 7
SABIDURÍA

"¡Seré mamá de una niña!", pensé con emoción e, inmediatamente, una ráfaga de preguntas llegó a mi corazón de inmediato. ¿Qué le voy a enseñar? ¿Soy la mujer que mi hija necesita como ejemplo de vida? ¿Quiero que siga mis pasos? ¿Estoy dispuesta a que un día ella me "saque en cara" que fui una cobarde por no perseguir mis sueños? ¿Le echaré en cara a mis hijos el ser una escritora frustrada?

Era el año 2016 cuando descubrí, una vez más, que estaba en la dulce espera (esta vez sí me enteré en las primeras semanas). La emoción de saber que nuestra familia seguía creciendo me hacía sentir invencible. Ahora, nuestra situación económica era mucho mejor; nos sentíamos estables, listos para la nueva aventura.

A las diez semanas de embarazo, mi doctor me sugirió una prueba de sangre que revelaría si estábamos esperando una niña o un niño. Los resultados llegaron poco después, justo cuando César se encontraba en una convención en Asia.

Le pedí al doctor que me diera los resultados a mí sola. Recuerdo que en ese momento estaba en un parquecito de un centro comercial viendo jugar a nuestro pequeño de 3 años, cuando me llamaron de la oficina de mi doctor con la noticia. La voz al otro lado del teléfono dijo: "It's a girl" ("Es una niña"), y comencé a brincar y a llorar de felicidad sin importar las miradas curiosas de las personas a mi alrededor.

César regresó un par de días después, y quise que la revelación fuera especial. Encargué un pastel que, al cortarlo, descubriría un interior rosa brillante, un símbolo de la noticia que estaba ansiosa por compartir. Santiago, nuestro pequeño, siempre supo que sería una niña. Parecía que en su inocencia ya lo sabía, como si en algún rincón de su ser, él también la estuviera esperando. Filmé el momento, capturando la magia de una experiencia que parecía un sueño, mi sueño. Esta vez, todo era diferente. Durante mi primer embarazo, nuestra situación era tan incierta que, por un momento, ni siquiera teníamos un lugar donde vivir. Pero ahora sentía que la vida nos sonreía y nos regalaba un nuevo comienzo.

A los tres meses, en medio de esa dicha, una voz interior comenzó a susurrarme algo diferente, algo que me hizo detenerme y pensar. Esa voz, suave pero insistente, me llevó a cuestionarme un poco más sobre la clase de madre que quería ser para mi hija, y de aquella voz salieron las siguientes líneas:

> Solo deseo que no te pierdas, que no pierdas la esencia, la risa, los sueños.

> Deseo que te ames más que a cualquier otra persona, para que ames tu cuerpo con o sin libras de más, que disfrutes tu feminidad y que, a la vez, seas capaz de decir adiós sin sentirte culpable.

> Deseo que seas una profesional, de esas que el mundo admira más por su sencillez que por sus éxitos, pero que, si eliges ser madre y esposa, deseo que seas la mejor. Que tu esposo e hijos te den, como premio a tu esfuerzo, el regalo de la

consideración; que un día o muchos sean ellos lo que cocinen para ti.

Deseo que afrontes con mucha valentía los retos que aún vivimos las mujeres, para que, cuando te etiqueten con algún título degradante, puedas seguir con tu cabeza en alto hacia tu destino.

Deseo, más que todo, que aprendas a ser una joven mujer selectiva; selectiva de quienes están a tu alrededor, selectiva con tus opciones de vida, selectiva con tus propios sueños, para que edifiques tu vida sin tantas caídas.

Deseo que seas inteligente, pero no solo académicamente, eso puede adquirirse siempre. Lo que deseo es que tengas inteligencia emocional, la que verdaderamente te abrirá las puertas del mundo y la que hará que este se ponga a tus pies.

Deseo que seas feliz, con todo y con nada, que realmente te ames tanto que seas feliz porque así es tu naturaleza.

Deseo que seas la princesa de papá, para que, cuando llegue tu compañero de vida, lo sepas identificar al instante. Deseo que papá te abrace fuerte y te diga muchas veces lo orgulloso que se siente de ti.

Y aunque algunas de estas cosas las he logrado, deseo que, las que no, tú las puedas vivir.

Hoy el destino me pone un gran reto que escalofría mi vida: criar una dama. Y como muchos retos en mi vida, este lo asumo agradecida con Dios, porque contigo, mi niña, puedo tener otra oportunidad en la vida. No para vivir a través de ti lo que no pude, sino para entenderme más a mí misma.

¡Gracias, mi niña, por venir a mostrarme las estrellas!

Tal vez, ella, mi hijita, que apenas se formaba en mi vientre y se preparaba para salir a un mundo que desconocía y por el que lloraría al sentirse fuera, iría descubriendo con sus pequeños ojos y sus manitos frágiles, que ese mundo le pertenecía y lo haría suyo; entendería el poder que tiene su llanto para recibir el cuidado pertinente y, entonces, habría nacido para reclamar su lugar en él.

No solo mi hija nació en ese parto, yo me preparé al igual que ella para nacer a mi nuevo, incómodo y desconocido mundo. Nací para ser lo que fui llamada a ser. Nací para mi mundo, ese que siento capaz de transformar con la punta de mis dedos. Nací con dolor a mi nueva vida, como cualquier parto. Me dolió ver mi letargo, mi falta de compromiso, mi negligencia hacia mis propios sueños, y mi niña interior comenzó a dolerme demasiado, y entonces... Entendí por fin que no necesitaba quedarme en estado de metamorfosis para siempre; por primera vez sentí a las mariposas volar fuera de mí y ser arrastrada por la belleza de sus colores y la suavidad de su vuelo.

Ella, mi hija, vino a abrir la puerta de mi corazón, y a partir de allí buscaría la manera de lograr que todo lo importante que llenaba mi vida pudiera coexistir y ser puesto al servicio de mi Creador.

Su nombre es Sofía, que significa sabiduría. Eso fue precisamente lo que vino a regalarme.

Capítulo 8
EL PODER DE MI VOZ

"Tu profesión, aunque te escondas, te va a alcanzar. Tú naciste para comunicar", me dijo César cuando se dio cuenta de que yo tenía muchas cosas por decir de aquella sabiduría adquirida que no me regalaron los libros o la escuela. Era una sabiduría que llegaba gracias a la experiencia de haber sobrepasado dificultades, de haber experimentado la vida a toda máquina; ese tipo de experiencia que puedes ver dibujada en tu cuerpo con cada estría, cada cicatriz, cada curva y que, además, gritaba lo que mis palabras no podían.

Sabía que había llegado el momento de usar mis talentos y dones, todo aquel regalo maravilloso y sagrado que se me había dado desde la concepción, el que aprendí gracias a mis padres, el que forjé en la academia y el que, finalmente, estaba lista para hacer mío de una manera auténtica sin un guion y absolutamente libre.

Así que, cuando naces para algo, ese algo te alcanza y a veces de la manera más inesperada.

Un día, César, quien quería mejorar sus habilidades de oratoria, me invitó a una reunión de Toastmasters, y me explicó lo que era: una organización sin ánimo de lucro donde la gente se une a un club para aprender a comunicarse mejor públicamente. La idea me pareció aburrida, no era para mí, así que yo, "Doña ya me las sé todas", le dije: "Solo iré a la primera reunión porque sé que después podremos salir a noviar, y voy a poder atesorar esta experiencia como la primera vez que estudiamos algo juntos".

Cuando llegamos al club y vi la dinámica de lo que era hablar en público y la gran diferencia que significaba en comparación con hablar frente a una cámara, me enamoré completamente del arte de la oratoria. Ese mismo día le dije a César que quería inscribirme y aprender aquello de la A a la Z.

Pasó un año en el que se contaron historias en forma de discursos elaborados, narrativas espontáneas, evaluaciones sinceras, liderazgo y, lo más importante, la escucha atenta y activa hacia los demás. Fue entonces cuando me sentí lo suficientemente preparada para decidir participar en el concurso internacional de oratoria más grande del mundo que organiza Toastmasters. Para lograrlo, debía pasar varios niveles; lo primero era presentar el discurso ante mi club y esperar que el club decidiera que yo los representara. Tenía que buscar un tema que me apasionara y del cual pudiera elaborar una buena historia, así que decidí utilizar la vulnerabilidad que me abrazaba en ese momento para que me permitiera demostrarme a mí misma de lo que estaba hecha.

"Virtual boyfriend" o, en español, "Novio virtual" fue el título del discurso con el que competiría dentro de mi propio club, que, además, era en inglés y me suponía un reto mayor.

Me eligieron para representarlos a nivel de clubes de área, y allí también ganó "Novio virtual"; después tuve que competir con los representantes del distrito, y en ese certamen ocupé el tercer lugar. Los otros dos participantes que ocuparon el primer y segundo puesto llevaban 15 y 25 años preparándose en Toastmasters, así que para mí fue un gran honor saber que, con solo un año en la organización, había logrado una de las máximas representaciones que mi club había alcanzado.

Definitivamente me probé de lo que estaba hecha, y decidí en 2020 servir a las personas que necesitaban mejorar sus habilidades de oratoria, especialmente en aquella nueva realidad donde todo se transformó en virtualidad. Les regalé mi conocimiento para que vendieran de una mejor manera sus productos y servicios, para que su marca personal se diera a conocer mejor, para que los mensajes fueran más asertivos, y para combatir el temor a hablar en público. Desarrollé talleres de oratoria y ventas para empresas, fui invitada a hablar en eventos y grupos de mujeres y viví con intensidad cada oportunidad para impactar en los demás.

Era verdad, yo no escogí mi carrera profesional, mi carrera profesional me escogió a mí. La comunicación ha hecho parte de mi vida siempre; desde que tengo uso de razón, he amado con intensidad leer y, sobre todo, escribir, que ha sido mi terapia y mi tabla de salvación cuando perdí a mi padre. Mi mamá me dice que a los 3 años de edad yo trataba de leer por mi propia cuenta y sin la ayuda de nadie, y que estaba fascinada por la cantidad de rayitas y puntitos (o sea, las letras) que veía en los periódicos y en los miles de libros de mi padre.

Amo con intensidad comunicarme con las personas, escucharlas, apreciar sus puntos de vista; amo poder llevar luz a la oscuridad de otros, amo educar y ser un canal de servicio, pero también amo que las personas vean en mi matrimonio un punto de referencia hacia la posibilidad de amar bonito; me parece hermoso compartir el crecimiento personal y espiritual que mi relación me ha permitido experimentar a través de los años. En esa combinación de comunicación y relaciones de pareja, encontré mi propósito.

Comencé a escribir pequeños textos de temas relacionados con el amor propio, el amor romántico y la feminidad, y, paso a paso, las mujeres que leían estos escritos querían saber más. Comenzaron a hacer preguntas, me confiaban sus preocupaciones, me pedían consejos, me preguntaban si daba algún tipo de consulta o terapia, y todo esto se convirtió en una bellísima interacción con ellas, las mujeres para las que escribo, las que aman demasiado y sin medida, las que lo dan todo por preservar la familia, las que quieren saber cómo amarse mejor, las que buscan rendirse a su feminidad, las que sueñan con un vestido blanco, las que están deseosas por experimentar un buen amor... A ellas les escribo, a ellas las celebro y a ellas las honro, porque en todas ellas una versión mía ha existido.

Las mujeres que aman demasiado,
sin permiso, sin tregua,
que se reconstruyen
las veces que la vida las quiebra.

Las apasionadas,
las mal llamadas locas,
damas de hierro
con corazones de fuego.
Las mujeres que sufren por amor,
pero nunca se rinden,
que abrazan la libertad
como un himno sagrado.

Las que valoran su autenticidad
y comienzan a quererse más,
las que descubren en el reflejo del alma
su fuerza y su verdad.
Las que aman ser mujeres,
las que vuelan alto
como mariposas bailando.

Las que conectan con su feminidad,
que aman sin descanso,
que iluminan con su luz
y dejan huella en cada paso.
Las mujeres que aman demasiado la vida,
las que son cielo y vuelo,
las que encuentran en sí mismas
su hogar eterno.
Las que aman demasiado y,
amando así,
todo lo vuelven sagrado.

Capítulo 9
MI MONA

Te has acostumbrado a que te digan "mamá" 400 veces al día. Te has acostumbrado a resolver problemas de forma inmediata y eficaz; has desarrollado superpoderes para proteger, defender y preservar la vida de tus pequeños cada segundo del día. Te has acostumbrado a ser doctora, psicóloga, cocinera, maestra, amiga, abogada y hasta ilusionista. Te has acostumbrado a tener las personas más pequeñas y, a la vez, las más grandiosas de tu vida dependiendo de ti para TODO.

Un día todo cambia, como debe ser, porque es ley de vida, porque lo único constante es el cambio y ni siquiera te has dado cuenta, no tienes conciencia aún, de que todo aquello que tanto te abrumaba mientras tus hijos crecían, hoy es solo un cúmulo de recuerdos estampados en fotos y videos, que quisieras revivir y por el que volverías a pasar sin dudarlo un instante, y te preguntas: ¿A qué hora pasó tanto tiempo?, ¿en dónde están las vocecitas y llantos?, ¿dónde quedó la ropita pequeña, su necesidad constante por ocupar mi tiempo y atención... dónde?

¿En qué lugar quedó la mujer que se recuperó de los partos mientras se adaptaba a una vida nueva con una nueva vida en sus brazos? ¿Dónde quedó la rutina escolar matutina, el apurar a tus hijos para que no llegaran tarde a la escuela?, ¿dónde quedaron los preparativos de las fiestas infantiles, y la persona más capaz para enfrentar a insectos o monstruos al apagar la luz?, ¿dónde quedó la número 1, el ser en el que más confiaban? ¿Dónde reside la mujer que consiguió sanar las heridas de sus hijos mientras las suyas propias estaban abiertas? ¿A dónde se fue aquella que regalaba cosquillas y carcajadas a sus hijos, incluso cuando su propio mundo carecía de motivos para sonreír?

¿Dónde está la mujer que alentaba a sus hijos a dar un paso más cuando ella misma se encontraba exhausta?

¿Dónde?

Y en la búsqueda de esa mujer que ahora puede comer sin "interrupciones", o irse a un café a escribir SOLA, encuentras la respuesta: ahí estás, tatuada en el alma, el corazón y la memoria de tus hijos. Ahí vivirá siempre esa madre inexperta que cometió errores mientras aprendía a ser mamá; esa madre que, con su nivel de conciencia y capacidad física, emocional y económica, dio lo mejor que pudo, posiblemente mejor de lo que ella recibió cuando iba creciendo. Ahí, en ese lugar sagrado, vivirá la madre que, sin dudarlo un segundo, intercambiaría su vida por la de sus hijos sin cuestionarse... y cuando los años pasen, y esa madre tenga la suerte de experimentar la maravilla de que sus hijos tengan hijos, ahí también vivirá, en el ADN emocional y físico de su descendencia.

Pensar en dónde quedaré yo me hace pensar en dónde está plasmado el legado de mi madre en mí. Entonces pienso en ella, y me doy cuenta de que su legado es monumental y me acompaña en cada célula de mi cuerpo y mi alma.

Es una mujer tan feliz, plena y realizada que me cuesta mucho imaginar que un día fue una niña que creció carente de demostraciones de cariño, carente de mimos, apapachos y palabras tiernas.

Mi madre nació en Bogotá, la capital de Colombia, pero al poco tiempo la llevaron a vivir a Armenia, Quindío, en el eje cafetero. Es la cuarta de cinco hermanos y creció junto a ellos con su padre y su madre. Mi abuelo era un hombre alto, elegante y muy serio, que pasó toda su vida manejando camiones por todo el país para traer el sustento a casa. De las tres mujeres y dos hombres que tuvieron mis abuelos, el abuelo, su padre, siempre se malhayaba diciendo: "Ojalá todos mis hijos hubieran sido mujeres". Las hijas, para él, eran la luz de su vida, ellas lo honraban, y él a ellas. Mi madre recuerda muchos más momentos de cariño y compasión por parte de él, mientras iba creciendo, que por parte de su madre. El recuerdo que más le he escuchado contar a mi madre acerca de mi abuelo es que él entraba en su habitación a cobijarla y a darle un beso en la frente de buenas noches, y cuando estaba enferma le preparaba aguapanela caliente para que se sintiera mejor.

Mi mamá fue la única de sus hijos que estuvo en el momento de su partida para la eternidad, y sus pocas, pero inolvidables muestras de cariño serían uno de los legados más importantes para que ella, mi mamá, se convirtiera en una madre amorosa y desinteresada no solo para sus hijos sino para su propia madre.

Mi mamá también creció con los cuidados de mi abuela, a quien ella sintió siempre como una madre distante y dura, especialmente para ella y sus hermanas.

No tiene recuerdos de abrazos, conversaciones o besos por parte de su madre mientras estaba pequeña e iba creciendo. La sintió más como una cuidandera suya y de sus hermanos, una especie de nana que los alimentaba y disciplinaba con rigor.

La historia que más me duele de todas las que me ha contado acerca de su infancia es cuando le ordenaban limpiar y brillar el piso de madera en rodillas. Lo cansada que quedaba y el daño que esta actividad le repercutiría en su vida adulta para la salud de sus piernas. En sus palabras: "Crecí en un régimen militar", solía decir con una sonrisa entre la nostalgia y la resignación. Pero nunca habló con rencor. Siempre comprendió que su madre también fue hija de su tiempo y de sus circunstancias.

Con los años, mi madre pudo ver a su madre transformarse. En la vejez, mi abuela finalmente abrió su corazón. Llamaba a mi madre "mi mona" con ternura, reconociendo en ella algo especial. Cuando la enfermedad tocó su puerta, lo único que deseaba era la presencia de su "mona". Y cuando mi madre llegó a su lado, su alegría fue tan grande, que su partida fue tranquila. "Mi mona, mi mona", repitió hasta el final.

Sin embargo, mi mamá tiene el arte de contar estas historias desde el amor y el entendimiento hacia mi abuela. Nunca sentimos resentimiento contra ella porque mi madre amó a su madre incondicional y absolutamente desde la bondad y la gratitud.

En los últimos años de vida de mi abuela, mi madre logró experimentar cariño, mimos y ternura de parte de su madre. Le decía "mi mona" porque de todos sus hermanos fue la única con piel clara, pecas y cabello rubio. Y cada vez que mi abuela se lo permitía, mi madre aprovechaba para abrazarla, cuidarla, acompañarla y conversar con ella. Momentos que no pudo vivir con su madre mientras crecía pero que la vida le había remunerado siendo una mujer adulta, esposa y madre. Tuvo la oportunidad de sentirse una niña amada por quien le dio la vida, y se siente feliz y honrada por los recuerdos que vivió con ella.

Nadie esperaba que su partida fuera tan rápida y, para ese entonces, mi madre estaba visitándome en Los Ángeles. Cuando mi madre llegó a verla, mi abuela gritó de felicidad "Mi mona" "Mi mona", y dos días después partió para siempre.

Mi abuela dejó una familia unida, llena de tradiciones hermosas; nos enseñó que se puede vivir la vida en los términos que queramos, nos consintió a través de la comida, de las historias, de las mujeres que formó y que nos darían la vida a toda una generación de hombres y mujeres, quienes seguimos conservando el amor y la unión familiar. Mi madre decidió tomar de mi abuela lo mejor y convertir lo que no en su mayor atributo: un derroche de amor demostrado en palabras, actos de servicio, besos y abrazos, mimos y apapachos, risas que te hacen doler el estómago, una entrega desmedida y una disciplina desde el respeto y la aceptación.

Muchas veces pienso: "Ojalá un día yo pueda regalarle un poco de todo lo que le faltó". Ojalá que, si algún día volviéramos a nacer en otro plano u otra vida, yo pudiera ser su mamá para abrazarla, llenarla de besos y cuidarla como la niña de mis ojos. Le cantaría canciones y le llevaría un té a la cama cuando le doliera su pancita. Jugaría a las muñecas y nos iríamos a disfrutar de un helado de coco (su favorito). Le diría 400 veces al día cuánto la amo y lo valiosa que es, y la abrazaría cuando una tormenta eléctrica iluminara su cuarto (su mayor miedo).

Mi madre es una mujer única, maravillosa y llena de gracia. Se casó a los diecinueve años, en los años sesenta, con un vestidito blanco de minifalda (en sus propias palabras: "Me casé de culifalda") y con el hombre de su vida, mi papá. Ella siempre ha dicho que desde pequeña soñaba con casarse y tener hijitos, y JAMÁS le importó hacer una carrera profesional, ser una "Diosa Empoderada" o tener una marca personal, una empresa megaexitosa, o subir en la escalera corporativa de cierto puesto de alguna compañía de renombre. No le interesó jamás ser una "Doña huevos" y, por el contrario, ha sido siempre una mujer amorosa, virtuosa, femenina y con un gran nivel de inteligencia emocional para delimitar sus "hasta aquí".

Mientras yo iba creciendo, veía con admiración a las madres trabajadoras y exitosas de mis compañeritas del colegio. Pensaba en mi mamá como una mujer con una capacidad enorme que dejó su vida pasar siendo "solo" una ama de casa.

Yo tenía claro que aquel no sería mi destino, que además de madre y esposa podría ser "exitosa" y trabajar mucho para ser feliz, pero algo no tenía sentido, mi madre era y es la mujer más feliz y plena que conozco, ¡y eso que conozco a muchas!

Cuando yo llegaba del colegio, me esperaba en la puerta de la casa para recibirme con un beso y un abrazo a la bajada del bus escolar; entrábamos en casa y el aroma de un almuerzo recién hecho y calientito me dejaba adivinar la majestuosa comida que ella había preparado. Una sopa de pasta con forma de moñitos, carne molida, ensalada, arroz blanco y un infaltable y favorito mío: jugo de maracuyá.

Ella esperaba a que me cambiara el uniforme y me lavara las manos. Me servía la comida y me acompañaba en la mesa mientras yo almorzaba. Me preguntaba cómo me había ido en el colegio y me permitía siempre contarle todo sin sentirme juzgada. Ella se ganaba mi confianza contándome sus cosas y nos reíamos por las tonterías cotidianas que pasaban en la casa. Ella nunca me hizo sentir como un estorbo, y a ella nunca la sentí como una madre insatisfecha. Hasta hace muy poco, su plenitud siendo "solo" una ama de casa me parecía increíble. No cabía en mi cabeza la idea de felicidad, realización personal y éxito, apartada del concepto de la mujer con títulos profesionales y empresaria que siempre soñé ser.

Cuando perdimos a mi padre, ella adoptó magistralmente el rol de madre y padre, especialmente conmigo, que estaba tan joven y en etapa adolescente. Y más adelante, cuando mis hermanos se casaron y solo quedamos ella y yo, tuve la oportunidad de conocer a mi madre desde otra perspectiva. Salíamos de shopping, nos íbamos a tomar un cóctel o salíamos a cenar. Mis amigas eran sus amigas y la amaban, bueno, aún la aman y la llaman en su cumpleaños y la tienen presente como una madre más para ellas.

Mi madre colocó el bienestar y la felicidad de la familia en el pedestal más alto, y su amor, un río imparable de afecto infinito, nos dotó de la fortaleza para enfrentar los desafíos con una valentía que solo puede provenir de un corazón colmado de amor. Como una guía sabia y paciente, nos ayudó a navegar por las turbulentas aguas de la vida, siempre mostrándonos el camino hacia la alegría, incluso en los momentos más oscuros.

Su influencia, como un torrente de amor que corre por mis venas, que fluye, sigue moldeando y enriqueciendo mi vida hasta el día de hoy. Siempre llevaré en lo más profundo de mi corazón su amor incondicional, su sabiduría eterna y su felicidad desbordante que contagia de alegría a quienes logran cruzarse por su camino.

Estoy segura de que estás leyendo estas páginas... Gracias, mamá, toda tu dedicación y sacrificio están tatuados en mi alma y en la de mis hijos. Gracias por elegir criarnos y por ponernos como una prioridad mientras crecíamos. Verte cumplir tus sueños personales hoy en día es el manifiesto hecho mujer de que sí se puede experimentar TODO.

Capítulo 10
SAGRADO

Te conviertes en madre y vas navegando por ese territorio sin saber muy bien lo que haces. Muchas veces sientes que lo estás haciendo increíblemente bien, y otras sientes que estás fallando. Debes hacerte amiga de la culpa y abrazar la vulnerabilidad que viene engranada a la maternidad, y aprendes de ti misma cosas que no sabías que eras y que ahora te resignifican; te das cuenta de ciertos superpoderes que habitaban en ti, experimentas sentimientos nuevos y revives otros que parecían dormidos.

La maternidad te da un vuelco, y cuando logras asimilar lo que estás viviendo, ya es demasiado tarde para volver a ser la que eras, porque la que eras antes no conocía esta versión de ti que ahora no quieres dejar de ser. Te das cuenta de que has cambiado, de que tus prioridades cambiaron, de que has tenido que soltar cosas para darle paso a otras. Y aunque sientes que una parte de ti está viviendo la experiencia más profunda del universo, otra parte de ti se queda a la sombra.

A veces, te preguntarás si todo lo que estás haciendo y dejando de hacer valdrá el sacrificio. Si pones en "pausa" tu vida, tus sueños, tu profesión, tu trabajo por criar, la duda aparece y te das cuenta de una respuesta contundente.

La maternidad es una constante de sacrificio. No conozco una maternidad que no haya significado sacrificar algo; es simplemente imposible, porque el acto de traer una vida a este mundo y criarla es, en sí mismo, un acto sagrado.

Hace tiempo me topé con una definición de sacrificio, que, desde que la leí, me dio ojos nuevos y un corazón dispuesto hacia un nuevo universo.

La palabra sacrificio proviene del latín sacrificium, que deriva de la combinación de dos términos latinos: sacer ("sagrado") y facere ("hacer" o "realizar").

La palabra sacrificio es simplemente el acto de hacer sagradas las cosas.

Este significado de sacrificio me abrigó el corazón y le dio un vuelco a mi perspectiva y rol de madre. Supe inmediatamente y sin lugar a duda que todo el esfuerzo y tiempo invertido en la maternidad eran semillas de sacrificio, o sea, semillas de hacer sagrados los recuerdos que vivirán en la memoria de mis hijos y en la mía. Cada vez que pongo la mesa y cenamos juntos, cada vez que se sienten enfermos y les doy mis noches de sueño, cada vez que los llevo a la escuela, las conversaciones profundas y también sin sentido que tantas veces salen de la nada, incluso el tiempo que no estoy con ellos para dedicarlo a mis sueños personales y a crear un mejor panorama económico para todos.

Estas semillas van creciendo y tomando forma en cada etapa de la maternidad, que sucede intrínsecamente con cada etapa que los hijos van viviendo. Esas semillas que serán la voz de su conciencia cuando tomen decisiones, cuando se enfrenten con el mundo fuera de casa, son estas semillas las que actuarán como una brújula mágica en sus vidas.

Paralelamente, en mí van quedando plantadas cada una de las semillas de sacrificio que toman forma y dan su fruto en la satisfacción plena de saber que he hecho lo mejor que he podido, que en el proceso sigo aprendiendo, que, con cada sacrificio, me resignifico y me doy cuenta de que estas semillas me regalan un superpoder un poco desvalorizado en la sociedad actual: experimentar un corazón desinteresado.

Recuerdo cuando yo era una niña y sentía que vivía en el hogar más feliz y privilegiado del mundo. Crecí siendo espectadora de un hogar donde el diálogo era nuestra mayor fortaleza. En casa, las cosas se dialogaban, todos hasta yo, que era la más pequeña de aquel hogar, teníamos una voz que era escuchada y tomada en cuenta. Fui una niña muy feliz.

Cuando los retos tocaban a la puerta, mis padres tenían el poder de afrontarlos con gracia, con amor, pero sobre todo con fe. Hoy, que soy esposa y madre, me pregunto cuántas veces mis padres antepusieron nuestras mentes y corazones al de ellos mismos para que en esos momentos de incertidumbre nos sintiéramos siempre seguros y amados.

Nací en 1983 y me crie entre los años ochenta y noventa, una de las épocas más oscuras y desgarradoras de Colombia. En aquella época, Colombia era el epicentro de las peores noticias del mundo, considerado uno de los peores países para vivir y uno de los más peligrosos. Para una familia como la mía, creyente, con un padre trabajador, maestro normalista y una madre ama de casa, entregada a su hogar, imagino el desafío que fue levantar una familia en aquellos años, seguro fue el gran reto de sus vidas. Sin embargo, yo jamás me di cuenta del tremendo sacrificio que mis padres hicieron todos esos años.

Hoy, puedo poner todas las piezas juntas y ver la imagen con claridad. Hoy, que soy esposa, madre y que vivo en un país tan diferente a la Colombia en la que me tocó crecer, pienso cómo lograron mis padres sacarnos adelante, con la mejor educación, altísimos principios morales y un amor que te hacía sentir el ser más afortunado del planeta.

Yo hoy estoy como madre en un lugar mucho más privilegiado del que estuvo mi madre y, aun así, formar una familia y en especial criar hijos requiere de mucho SACRIFICIO, es decir, de muchos actos sagrados que se van tejiendo en la cotidianidad de la vida de la familia.

Mis padres nunca se cuestionaron si habían sacrificado mucho por nosotros, es más, nunca estuvo en la ecuación pensar qué tan agradecidos o desagradecidos seríamos, qué tan bien nos portáramos o que tan groseros fuéramos o qué tan buenas personas somos o no. Su labor no era ser nuestros jueces, más bien, la labor era sacrificar gran parte de su vida, de sus sueños, de su dinero; incluso, me atrevería a decir, hasta de su salud para regalarnos una vida mejor de la que ellos tuvieron, un amor mejor del que ellos conocieron, una infancia hermosa e inolvidable como la que ellos nunca vivieron.

No quiero, ni por un momento, ser menos de lo que ellos me brindaron porque experimenté de primera mano qué era crecer en un hogar amoroso, completo, pacífico y sobre todo feliz. Cómo no construir un hogar donde mis hijos tengan voz y, más importante, sean escuchados. Cómo no regalarles un hogar donde aprendan que el amor en pareja es bello y sano con un papá y una mamá que se aman. Cómo no regalarles la bendición de estar presente en cada momento importante, en cada sueño y, también, en cada derrota, en cada error. ¿Cómo no voy a querer sacrificar parte de mi vida para darles a ellos todo esto que yo tuve y más?

Sueño con ser una viejita (hermosa y saludable), mirar para atrás y decirle a mi esposo: "Lo hicimos bien, no me arrepiento de nada porque todos esos días los hicimos sagrados para ellos y los hicimos sagrados para nuestra alma".

Hoy vuelvo a sentir el olor del café
que inundaba la casona de los abuelos,
el ruido bello de la naturaleza espesa
que rodeaba las fincas,
las familias reunidas en torno a la comida típica,
lo sagrado de crecer feliz,
conocer el alma de quienes te vieron crecer.
Ahora soy adulta y lo veo claro,
lo siento en el alma.
Una casa que se convierte en hogar,
unos brazos que se convierten en cobija,
la comida que se convierte en diálogo,
la familia que se convierte en tu dicha.
Crecer pensando que eres afortunada
para recrear con amor y hacerlo un tatuaje del alma
con los que ahora son tu familia.
Solo hay una razón para que esto suceda,
solo se puede hacer desde un lugar sagrado,
y ese lugar sagrado es tu corazón.

Capítulo11
MARIPOSAS EN EL ESTÓMAGO

Es extraño escribir las últimas líneas de un libro que siento que no termina aquí. Porque esta historia —mi historia, tu historia, nuestra historia— no tiene un punto final. Se despliega como las alas de una mariposa en constante movimiento, inmersa en una danza de transformación y libertad.

A lo largo de estas páginas, he compartido pedazos de mi alma con la esperanza de que, en alguna línea, en algún susurro de estas letras, encuentres un reflejo de la tuya. Que sientas que este libro también te pertenece, que puedas apropiarte de cada emoción, de cada despertar, de cada lección.

Todas hemos sentido el aleteo de las mariposas en el estómago, esa sensación inconfundible que nos avisa cuando algo grande está por suceder, ya sea que estemos al borde de un nuevo comienzo o al filo de un cambio que nos hará crecer, aunque al principio nos asuste.

Las mariposas han sido mis mensajeras. Me han acompañado en los momentos de amor, cuando mi corazón latía con la emoción de lo nuevo. Me han guiado en mis mayores logros, en el nacimiento de sueños, de proyectos, de personas amadas. Me han recordado que, incluso en los momentos de incertidumbre, cuando el capullo parece demasiado cerrado y oscuro, la transformación es inevitable y siempre trae consigo un renacer.

Espero que las mariposas también te acompañen a ti. Que revoloteen con fuerza cuando estés a punto de dar un salto de fe. Que te avisen cuando el amor esté cerca, cuando estés en el lugar correcto, con la persona indicada, viviendo el momento perfecto.

Que te susurren al oído cuando debas confiar en tu intuición, cuando la vida te esté guiando por caminos desconocidos, pero llenos de propósito.

También deseo que, cuando llegue la hora de partir, cuando sea el momento de volar más alto, las mariposas sepan alejarse de ti. Porque, a veces, su ausencia, es la señal más clara de que es tiempo de cambiar, de atreverse, de descubrir nuevos cielos.

Sé que habrá días en los que te sentirás atrapada, como una oruga en su capullo, días en los que dudarás de tu propio poder, en los que el miedo intentará convencerte de que no hay alas esperándote al otro lado.

Pero quiero que recuerdes esto: tarde o temprano, volarás. Y cuando lo hagas, te sorprenderás de la fuerza que siempre estuvo dentro de ti.

En mi propio vuelo, he descubierto que el amor que tanto busqué afuera siempre estuvo dentro de mí. Que no existe un príncipe azul ni una salvación externa que venga a rescatarnos, porque el único amor capaz de sostenernos verdaderamente es el que nace de nosotras mismas.

Aprendí que, al amarnos con autenticidad, con ternura y sin condiciones, ese amor nos llena desde adentro y, solo entonces, podemos amar y servir a los demás de una manera libre, sana y más bonita.

Hoy sé que la verdadera libertad no la otorga nadie, sino que se conquista con cada decisión, con cada acto de valentía, con cada "sí" dicho con convicción y en cada "no" pronunciado con amor propio.

Aprendí que la felicidad no es una meta fija, sino un viaje de cambios constantes, de vientos inesperados, de cielos que se expanden y horizontes que se redibujan una y otra vez. Que la plenitud es la verdadera búsqueda, la única capaz de llenar el alma sin caducidad, sin prisas, sin expectativas impuestas por otros.

Ahora sé que lo más hermoso de volar no es solo llegar más alto, sino compartir el vuelo. Porque no hay victoria en cruzar la meta si, al otro lado, nos espera la soledad. Porque la vida se mide en los abrazos que damos, en las risas compartidas, en los corazones que tocamos, en la huella que dejamos en los demás.

Hoy decido volar ligera, sin cargas, sin miedos, sin cadenas impuestas por creencias que ya no me pertenecen. Elijo seguir viviendo como las mariposas: en silencio, con delicadeza, con la certeza de que cada aleteo deja un impacto en el mundo.

Quiero recordar que cada transformación es un regalo, que cada despedida es el inicio de algo nuevo, que cada renacer trae consigo la promesa de un vuelo más alto.

Porque cuando mire atrás, solo deseo saber que lo hice bien, que amé sin reservas, que me entregué a la vida con valentía y con el corazón abierto. Que toqué almas con mis palabras, con mis acciones, con mi esencia. Y que mi vuelo dejó una huella en aquellos que lo presenciaron.

Entonces, cuando todo parecía estar dicho, comprendí que nunca he volado sola. En cada caída, en cada transformación, en cada nuevo comienzo, Dios ha sido el viento bajo mis alas. Y es Él quien también sostiene las tuyas.

Así que, cuando sientas miedo, cuando dudes de tu capacidad de seguir adelante, recuerda que no vuelas sola, y que hay un amor divino guiando tu vuelo, preparando el camino, sosteniéndote incluso cuando no lo ves.

Mujer, sigue volando. Y, de vez en cuando, recuerda hacer una pausa para posarte en las flores.

AGRADECIMIENTOS

Ante todo, agradezco a Dios, cuya guía y amor incondicional me han iluminado el camino y sin el que nada de esto sería posible. Su presencia ha sido el pilar fundamental en cada paso de este viaje.

A mi esposo, por ser mi sostén y compañero inquebrantable, y a mis hijos, que son el epicentro y la inspiración de cada historia aquí plasmada. Su amor, entusiasmo y fe en mí han sido la fuerza que me impulsa día a día.

A mi coach Davina Ferreira, por acompañarme con tanta paciencia, dedicación y sabiduría. Tu apoyo ha sido decisivo para darle forma a esta historia, transformando cada idea en un sueño tangible.

A todos los colaboradores, amigos y mentores que, de una forma u otra, han contribuido a materializar este proyecto. Gracias por compartir sus conocimientos, sus palabras de aliento y por creer en esta visión.

También deseo agradecer a mi equipo editorial y a quienes trabajaron "tras bambalinas"; su profesionalismo y compromiso han enriquecido este libro, haciendo que cada detalle cuente.

Finalmente, a ti, lectora, por acompañarme en este viaje. Espero que estas páginas te inspiren y te transmitan la pasión y el esfuerzo que han sido la esencia de cada palabra.

ACERCA DE LA AUTORA

Nacida en Pereira, Colombia, en 1983, Paola Rezo es una apasionada comunicadora, escritora y emprendedora. Creció en una época en la que la violencia en su país alcanzaba niveles alarmantes, un desafío que sus padres enfrentaron con valentía y amor. Su padre, un maestro normalista y psicólogo, no solo le inculcó su amor por el conocimiento, sino que convirtió su hogar en un santuario de libros, que le brindó un refugio en medio de un mundo convulso. Su madre, el pilar emocional de la familia, se aseguró de que el hogar estuviera siempre lleno de calidez, seguridad y amor. Juntos hicieron un trabajo extraordinario para proteger y guiar a Paola y a sus hermanos, enseñándoles a crecer con resiliencia y esperanza en tiempos difíciles.

La pérdida de su padre cuando tenía 14 años marcó un antes y un después en su vida. En medio del duelo, una tía le regaló unos diarios, y fue entonces cuando la escritura se convirtió en su refugio, una forma de ordenar su mundo interior y encontrar sentido en medio del dolor. Lo que comenzó como un ejercicio terapéutico terminó por convertirse en una pasión que la acompañaría toda su vida.

En 2006, obtuvo su título en Comunicación Social y Periodismo en la Universidad Católica Popular del Risaralda y, ese mismo año, inició un nuevo capítulo en su vida al casarse. En 2007, se trasladó a Los Ángeles, California, donde, junto a su esposo, ha desarrollado múltiples negocios en diversas industrias, incluyendo la construcción, servicios de contabilidad y asesoría fiscal, formación de entidades legales y administración de propiedades de renta a corto plazo.

Más allá de su vida profesional y familiar, Paola ha experimentado un profundo despertar espiritual. En los últimos años ha logrado un reencuentro transformador con su Creador, reafirmando su fe y su propósito en la vida. Su amor por Dios guía cada una de sus decisiones y le ha permitido ver su camino con mayor claridad, encontrando en la escritura una forma de transmitir luz, esperanza y verdad.

Con una innata habilidad para la comunicación, Paola ha impartido clases de oratoria y talleres empresariales, ayudando a profesionales a perfeccionar su expresión y liderazgo. Sin embargo, su verdadera vocación siempre ha sido la escritura. Mariposas en el estómago marca el inicio de su trayectoria como autora, siendo el primero de muchos libros y guiones que aspira a crear. Lo que comenzó como un ejercicio íntimo de sanación se ha transformado en un vehículo para conectar con otros a través de historias que inspiran, conmueven y dejan huella.

De todos los roles que ha desempeñado a lo largo de su vida, el más importante y significativo para ella es el de ser madre. Nada se compara con la dicha y la responsabilidad de guiar, amar y formar a sus hijos. Es madre de Santiago y Sofía, y tiene un vínculo especial con Sebastián, a quien ha acompañado con dedicación y cariño. Criar a sus hijos con amor, valores y fortaleza es su mayor logro y el legado más importante que desea dejar en este mundo.

Paola Rezo no escribe solo por pasión, escribe por propósito. Su misión es plasmar en papel lo que muchos sienten, pero no pueden expresar, dar voz a emociones que necesitan ser contadas y compartir historias que sanen, inspiren y transformen. Con una pluma afilada y una fe inquebrantable, está decidida a dedicar su vida a lo que ama, confiando en que cada palabra que escriba será un eco de su verdad y un puente hacia las almas que la lean.